Worte wie Sand

Ein besonderer Dank
geht an meinen Namensvetter
aus Mülheim an der Ruhr,
ohne den dieses Buch
nicht entstanden wäre.

Stefan Spiekermann

Worte wie Sand

Eine Sammlung

von Gedichten

und Gedanken

Bibliografische Information der
Deutschen Nationalbibliothek

Die Deutsche Nationalbibliothek verzeichnet diese
Publikation in der Deutschen Nationalbibliografie;
detaillierte bibliografische Daten sind im Internet über
dnb.d-nb.de abrufbar.

Herstellung und Verlag: Books on Demand GmbH,
Norderstedt

ISBN 9783842351479

Umschlaggestaltung, Satz und Layout:
www.tuschekasten.de

Der Sand der Zeit -
er schleift und wandelt

Wandel

was ist, das ist,
oh welch ein fehler!
was ist, das bleibt,
oh nein, mein freund!
was ist, vergeht,
es wandelt sich,
nimmermehr gleich
im Lauf der zeit.
heut noch gelobt,
morgen vergessen,
undenkbar jetzt,
morgen normal:
das kind, das in der wiege liegt,
glaubt nicht daran, dass es mal fliegt,
und wenn es dann die Welt durchmisst,
der zweifel längst vergessen ist.

der wandel ist der lauf der welt,
ist das, was sie zusammenhält.

vertraue dich dem wandel an,
und flieh zu neuen ufern,
und wir vergessen alle zeit,
der ganzen welt vergänglichkeit.

Zeit III

was steht soll fallen, was ist, vergeh'n,
der wind der zeit über gräbern weh'n,
das glück ist vergraben im glitzernden eis,
der bote der zukunft verlangt seinen preis.

wenn die knospen des frühlings die wälder
beleben,
ist es zeit, dem leben das pfand hinzugeben,
dann gibt uns der winter wieder zurück,
was wir ihm einst ließen: unser glück.

was steht, soll fallen, was ist, soll weichen,
wir strecken uns, um das glück zu erreichen,
doch wenn wir's erreichen - zu seiner zeit,
erst dann sind wir dafür bereit.

Gelegenheit

Tief in meines Zimmers Stille
tönt ein Knacken durch den Raum.
Drin in seiner Puppenhülle
wächst und wandelt sich ein Traum.

Knackend dreht er sich und wandelt
sich vom Traum zur Möglichkeit.
Schicksal hört es und es handelt,
nutzend die Gelegenheit.

Dinge ändern sich, das weiß man.
Träume werden Wirklichkeit.
Ist es heute auch schon nah dran:
Nutze die Gelegenheit!

Lügenfrühling

Der Himmel überzieht sich

mit Blau und mit Grau.

Die Sonne scheint,

doch es ist kalt.

Die Hoffnung auf das

neu keimende Leben ist da,

doch es tritt nicht ein.

Der Himmel bleibt grau,

die Sonne versteckt sich.

Das Leben bleibt einsam,

das Warten und Suchen

geht weiter.

Es ist

Lügenfrühling.

Bilder im Sand

I

Das Blatt hängt noch am Baum. Es ist das letzte seiner Art, denn alle seine Brüder liegen bereits auf dem Waldboden, wo das letzte Licht ein bizarres Muster zaubert. Der Wald bietet in diesen Oktobertagen ein buntes Bild, dessen Farbpracht nicht durch Worte beschrieben werden kann. Ein einsames Eichhörnchen springt auf seinem Weg durch den Wald auch auf den Baum. Das Blatt fängt bedrohlich an zu zittern, aber es fällt noch nicht. Von Ferne tönen leise Kirchenglocken. Bis auf diese Töne, die in der Luft hängen wie die letzten Blätter an den Bäumen, ist der Wald ruhig. Nur das leise Rauschen, das ihn erfüllt wie die Atemzüge der Welt, macht bewusst, dass der Wald lebt. In der Ferne, neben der Silhouette eines kleinen Dorfes schwebt ein bunter Drachen über den abgemähten Feldern. Der Wind, der ihn trägt, kommt auch in den Wald und weht den schwachen Geruch von Holzrauch herbei. Das Blatt zittert unter den Atemstößen der Natur erneut und segelt dann unendlich langsam zu Boden.
Der Winter kann beginnen.

II

Eine leichte Eisschicht überzieht die herab
gefallenen Blätter auf dem Waldboden. Dort, wo
sonst ein schlammiger Weg war, ist nun eine
harte Eisfläche mit unregelmäßiger Struktur. Die
Bäume wirken mit ihren zum Himmel
ausgestreckten Armen direkt hilflos. Noch
plätschert der muntere Bach daran vorbei. Bald
wird auch er in der tödlichen Umklammerung der
Kälte erstarren und das letzte Fließwasser mit
einem Panzer aus Eis schützen.
Kein Lufthauch bewegt die kahlen Zweige.
Keine Sonne durchdringt den Wolkengürtel.
Kein Tier ist zu hören. Über dem Dorf in der
Ferne sind zahlreiche Rauchsäulen zu erkennen.
In der eisigen Luft ist der Geruch von Schnee.
Bald wird die Natur den Wald mit einer weißen
Schicht überstäuben. Die letzten Spuren eines
vergangenen Lebens werden überdeckt und im
nächsten Jahr fortgeschwemmt werden.
Während die sterbende Welt noch still verharrt,
sinkt auch schon die erste Schneeflocke als
Pionier einer neuen Zeit zu Boden.

III

Ich öffne das Fenster, zucke bei dem kalten
Hauch, der mich streift, leicht zusammen - und
horche auf.
War da nicht gerade ein Geräusch?
Nein, ich meine nicht das stetige Rauschen, das
anzeigt, dass die Stadt lebt, nein, es ist ein
anderer Ton.
Es kommt von draußen.
Was kann es sein?
Das Klingeln der Straßenbahnen?
Ferne Kirchenglocken?
Eine Autohupe?
Dann, nachdem ich lange gelauscht habe, weiß
ich, was das unbekannte Geräusch ist: Es ist ein
Vogel.
Der erste, den ich in diesem Jahr höre.
Und nun weiß ich: das Leben geht weiter.

Der See

Er war eigentlich schon immer da.

Der See.

Zumindest in unserer Erinnerung.
Man sagt, er sei im 16. Jahrhundert angelegt
worden.

Aber das ist unwichtig.

Er war da, als wir kamen.

Er ist da, wie wir da sind.

Er wird noch da sein, wenn wir gegangen sein
werden.

Seine Bedeutung ist unterschiedlich.
Für einige ist er Angelsee, für andere Tauchsee,
Badesee, Wasservorrat für Camper, Refugium
für...

Ja für wen eigentlich?

Für Verliebte, für Verzweifelte, für Denker und für
mich.

Ich war in allen Rollen schon hier.

Der See hat irgendwie geholfen.

Es ist schön, am Ufer zu sitzen, zu denken
und Steinchen ins Wasser zu werfen.

Er ist gnädig.

Er verzeiht Fehler.

Immer deckt er alles mit seinen bewegten
Wassern zu.

Wenn man abends am Ufer sitzt,
den Wellen zusieht
und die Mondsichel im Wasser schillern sieht,
ist es, als wäre man auf einem anderen Stern.

Dann fließen die Gedanken wie Wasser aus
einem geöffneten Kran.

Der See.

Er war immer da, er wird immer da sein.

Die Leute kommen und gehen.

Der See bleibt.

Nachtflug

Der Motor dröhnt sein monotones Lied, während
der Mittelstreifen an mir vorbei zieht.
Scheinwerfer schneiden streifige Bahnen in die
Dunkelheit. In der Ferne: Laternen, gelbe
Lichtpunkte in der Nacht. Weiter links: Der
Flughafen Essen-Mülheim, mein Ziel. Drei bunte
Lichter, rot, grün, weiß fallen auf die Erde zu.
Eine sich drehende Lichtsense auf dem Tower
mäht die Dunkelheit stellenweise für Augenblicke
nieder. Bäume fliegen am Straßenrand vorbei,
verdecken zeitweise die Sicht. Das
Lampenmuster der dunklen Stadt verändert sich
ständig, während der Bus seinen Weg auf das
pulsierende Licht hin zurücklegt.
Zischend setzt Pressluft Bremsen in Kraft, kommt
der Bus zum Stehen. Das gleiche Zischen, als
die Tür aufklappt. Kalte Nachtluft schlägt mir
entgegen. Ich steige aus.
Wenig später klettere ich in den Wolkenhopser.
Der Pilot begrüßt mich, redet mit dem Tower,
stellt einige Hebel und Schalter um. Das leise
Zittern des Motors steigert sich zum dumpfen
Vibrieren. Ruckend setzt sich die Maschine in
Bewegung, wackelt den Runway entlang, wird
schneller. Die Lampen an der Seite huschen
vorbei, die Striche in der Mitte werden zur
stetigen Linie, das Rollgeräusch hört auf. Dann
taucht die Piste unter uns weg. Die Maschine
klettert die wolkenlose Nacht empor, steigt,
während das Gefühl von Schwerelosigkeit sich in
mir ausbreitet. Majestätisch gleitet die Stadt

mit ihrem glitzernden Lichternetz unter mir vorbei. Links neben uns steht der neu erbaute Fernsehturm. Eine große rote Lampe auf seiner Spitze wirkt irgendwie fehl am Platz. Vereinzelt stehen noch Schornsteine, beleuchtet wie Kerzen, unter mir. Sie, die Essen groß gemacht haben, die der Stadt ihre Bedeutung gegeben haben, sind jetzt nur noch Zeichen einer toten, einer vergessenen Zeit. An ihre Stelle sind Bürohochhäuser getreten, die aus der City ragen wie Bauklötze, die irgendein Riesenkind aufgebaut hat. In der Innenstadt werden die Lichter farbiger. Neonreklamen mischen sich darunter. Viel Leben ist von hier oben nicht festzustellen. Gelebt wird in anderen Stadtteilen, in den Häusern, Kneipen und Bars.
Weiter in den Außenbezirken wird die Stadt wieder dunkler. Neonlaternen, gelbe Lichtketten der Hauptstraßen, helle Vierecke der beleuchteten Fenster, Scheinwerferkegel gleiten unten vorbei. Ich kippe gegen die Wand, als die Maschine sich in die Kurve legt. Auf dem Weg zurück zum Flughafen fliegen wir über die Felder vor der Stadt. Heisingen, der Baldeneysee, das dunkle, fast schwarze Band der Ruhr, Werden und Kettwig bleiben hinter und unter mir zurück. Wir folgen dem Verlauf einer Straße, bevor die Maschine auf den Flughafen zuschwenkt. Unter mir hackt ein Scheinwerferpaar Kerben in die Nacht. Während das Sinken der Maschine sich als unangenehmer Druck auf den Magen legt, glaube ich zu erkennen: Es ist mein Bus, der nun zurückfährt.

Bahnhof

Ich sitze auf dem Bahnhof. Oder auf einem
Bahnhof. Egal. Ich schreibe. Ich stelle mir vor,
wie es wäre, wenn ich bei Dir wäre. Es wäre
besser als auf dem Bahnhof zu sitzen und auf
etwas zu warten, das doch nie kommt. Warum
bin ich nicht bei Dir? Ich habe die Bahn verpasst.
Wie immer. Seit siebzehn Jahren verpasse ich
Bahnen, Züge, Chancen, Gelegenheiten, Glück.
Der Zug, den ich brauche, ist hier noch nicht
vorbeigekommen. Hinter einer Bahn bin ich
hergelaufen. Obwohl... wie war das noch... hinter
Frauen und Straßenbahnen soll man nicht
herlaufen, es kommen ständig welche.
Fehler also.
Entweder laufe ich hinterher,
oder ich verpasse sie.
Egal.
Vorbei.
Und nun sitze ich hier und schreibe, während der
Wind die Seiten verschlägt und Regentropfen,
winzig wie Perlen, sich ans Papier klammern. Ich
warte auf einen Zug, der nach Westen führt.
Vielleicht wird er niemals kommen, wer weiß das
schon?
Ich kam, ich fror, ich wartete.
Wenn der Fahrplan nicht lügt, wird die nächste
Bahn kommen.
Und wenn sie kommt, fahre ich mit.

eisberg

feuer, hitze, glut und wärme
schenke ich der frau im eisberg
ich versuch', ihn aufzutauen.

ich stehe vor dem lichten koloss,
der berg, der riese, ich der zwerg.
jetzt heißt es auf die kräfte bauen.

erst ein tropfen, dann ein rinnsal
fließt nun stetig auf den grund
dem dunklen heißt es kälte klauen.

der berg ist fort, und sie bewegt sich.
erstaunen dringt aus ihrem mund:
so ein werk nur durchs vertrauen?

und so füg' ich zu (am schluss)
ein letztes wörtchen noch:
nur hoffnung hilft gegen verdruss,
denn sie bewegt sich doch.

es war einmal

es war einmal
ein baum
eine kleine weide
die bog sich im wind
und sah die feder eines vogels
sie verliebte sich in diese feder
aber die feder wurde vom wind
fortgetragen
die weide wuchs
und wuchs
und wurde ein großer baum
der sich nicht mehr im wind bog
eines tages kam ein sturm
und brach den stamm
man machte papier
aus der weide
da traf sie
die feder
die mit dem wind
um die welt gegangen war

heute sitze ich hier
und schreibe eine liebesgeschichte
mit einer feder
auf ein stück papier
und ich glaube
zu verstehen

Der Sand in der Arena

Die Bitte des Kriegers

Der Krieger trat zum König hin
nach Brauch und alter Sitte,
und beugte stolz das Knie vor ihm:
„Herr, höret meine Bitte!

Seit vielen Jahren haltet ihr
hier Hof in diesem Saale
und sprecht das Recht für Mensch und Tier
auf Berg und auch im Tale.

Seit Jahren ist es Brauch beim Fest
für eure alten Recken,
wenn sie ein Wunsch nicht ruhen lässt,
ihn euch hier hinzustrecken.

Ihr gabt uns Sold, ihr urteilt' gut
auf allen euren Zügen,
wir dankten's euch und zeigten Mut,
ihr konntet immer siegen.

Des Kriegers Leben ist die Schlacht,
ist Schwert und Schild und Bogen,
wir dienten euch, war'n eure Macht
und sind mit euch gezogen.

Ihr habt mit uns den Feind besiegt
und gabt uns euren Segen.
Ich weiß, dass ihr den Krieger liebt
und bitt euch, mir zu geben:

Des Kampfes müde bin ich nun,
ermattet ist mein Bogen,
durch sehr viel' Reiche bin ich wohl
mit euch dahingezogen.

Mein Wunsch ist nun nicht mehr der Krieg,
nach and'rem steht der Sinn:
SIE zu erringen sei mein Sieg,
so lasst mich geh'n dahin!

Gewährt, O Herr, die Bitte mir,
zu geh'n aus euren Diensten.
Euch dies zu bitten bin ich hier
und warf mich euch zu Füßen."

Der König dachte gern zurück
an die gewonn'nen Schlachten,
die Krieger halfen ihm zum Sieg
er tat sie dafür achten.

Und dieser, der hier bei ihm war,
war Hauptmann mit dem Bogen,
beschützte oft sein Leben gar,
war lang mit ihm gezogen.

Ihn geh'n zu lassen focht ihn an,
als tüchtigsten der Recken.
Er fasste daher einen Plan,
den Kampfgeist wohl zu wecken.

„Gewährt mir eine Bitte auch:
Um dieses zu erfassen-
so fordert es seit je' der Brauch-
müsst ihr euch prüfen lassen!

Einmal noch kämpft mit Mut und Kraft,
beim Ritterturnier morgen,
wenn ihr auch diese Prüfung schafft,
dann will ich für euch sorgen.“

Nachdem es nun verkündet war,
trat König hin zum Krieger:
„Ich hoff', dass SIE ist in der Schar,
die euch sieht als den Sieger.“

Am nächsten Tag begann das Spiel,
der Wettkampf aller Streiter,
des Königs Krieger waren viel,
die Schützen und die Reiter.

Und in der Menge, die da stand
war SIE. Nach alter Sitte,
trat er ihr zu vom Platzesrand
und äußerte die Bitte:

„Erlaubt mir einen Wunsche nur
euch hier und jetzt zu sagen:
So lasst mich Halstuch oder Schnur
mit euren Farben tragen!

Für euch erringe ich den Sieg,
lasst mich sein euer Streiter,
die Kraft, die mir zu geben blieb
nutz' ich als euer Reiter."

Die Dame nahm ihr Halstuch ab,
wand es um seinen Arm,
er lächelte, als SIE es gab,
und auch ihr Herz ward warm.

Von diesem Augenblick war klar,
er würde für SIE siegen.
Er dachte nicht an die Gefahr,
wie in den and'ren Kriegen.

Voll Freude griff er Schwert und Spieß
und nahm sein Pferd zur Hand.
Er ritt als erster und er stieß
den Gegner in den Sand.

Das nächste war der Schwertkampf, der
sein Gegner war zog blank,
schlug zu, den Panzer treffend schwer
dass er zu Boden sank.

Doch tapfer aufrecht hielt er stand,
der Schmerz zog durchs Gebein,
er nahm das Schwert mit fester Hand,
schlug auf den Gegner ein.

Der Kampf, er wogte hin und her,
keiner errang den Sieg,
bis, als sie beide keuchten schwer,
der Gegner stehen blieb.

„Lasst ab vom Kampf, ihr Rittersmann,
wir wollen Frieden schließen,"
er nahm den Helm ab und sprach dann:
„Ihr sollt ja gleich noch schießen!"

Doch sieh, der König selber war
gegen ihn ausgezogen.
Mit Schwert und Panzer stand er da,
der Hauptmann fiel zu Boden.

„Verzeiht, mein König, ich griff euch
an mit der blanken Klinge,
erkannt ich euch doch nicht sogleich,
drum tat ich falsche Dinge.

Man greift nicht seinen König an,
dem man die Treu' geschworen.
So hab auch ich als Rittersmann
heut' mein Gesicht verloren."

„Deshalb trug ich auch das Visier,
das mein Gesicht verdeckte,
die nöt'ge Rüge gebührt mir,
der sich vor euch versteckte.

Ich sah, dass ihr für SIE gelebt,
für die Entlassungsbitte,
drum werd' ich euch wonach ihr strebt
gewähren nach der Sitte.

Doch wenn ihr wollt, so werd ich auch
als Jäger euch behalten,
und geb' euch Reh und Baum und Strauch
im Ostwald zu verwalten."

Der Bogenwettbewerb begann,
der Hauptmann traf die Scheibe,
dachte kurz nach und sagte dann
„Ich glaube doch, ich bleibe."

Der Hauptmann, der nun Jäger war,
nahm ab die schwere Rüstung
und trat, als er SIE stehen sah,
nah an die Platzesbrüstung

Er sprach zu ihr und bat SIE gar,
den Wald mit ihm zu teilen.
Der König blickte hin und sah
vom Platz die beiden eilen.

Herztod beim Walkürenritt

Sie reiten wieder.
Lanzen eingelegt, Rösser gepanzert,
Haar im Wind wehend,
den Todesschrei auf den Lippen.
Zähne entblößt.
Schneller peitschen die Hufe der Rösser,
lauter wird das Gedonner,
kraftvoll gerichtet auf das Ziel.
Der Feind?
Wer ist der Feind?
Keine Acies Triplex,
keine Schilderstarrende Wand,
keine Burg,
nichts.
Nichts!
Nichts?
Der Feind ist gegangen!
Nichts, wofür es sich mehr zu kämpfen lohnt!?
Der Feind in ihnen.
Das Ich bekämpfen?
Narren!
Narren!
Oh ihr armseligen Narren.
Den Feind bekämpfen?
Euch selbst bekämpfen!
Besser als wer wollt ihr sein?
Ehre?
Nichts.
Non pro patria mori.
Nur Leere.
Und Herztod beim Walkürenritt.

angst

die dolche der angst aus dem herzen gezogen,
die sicheln des friedens zu schwertern gebogen,
die beile, geschmiedet aus not, tod und pein,
wir werfen's zusammen, wir schmelzen es ein.

und machen daraus mit feuer und glut,
ein einziges messer, das scharf ist und gut,
und stoßen es dann vereint, eine seele,
dem einzigen feind, der angst, in die kehle.

und liegt uns die angst dann getötet zu füßen,
dann lasst uns fürs werk dieser tage auch büßen,
nehmt all eure sorgen und tragt sie vereint,
beachtet, dass keiner der angst tod beweint!

dann nutzet den stahl fortan nur zum pflügen,
und hütet euch davor, euch selbst zu belügen,
bewahret das eisen, sonst wird es zur plage,
sei's euer tribut an unsere tage.

Wege und Spuren im Sand

frostschutz

der nebel umstreicht meine füße,
ich beginne den tag.
das ist des lebens bittere süße,
die ich so mag.

die stadt, die vor mir im dunkel liegt,
ist alt und grau, ohne leben,
und doch hat sie mir freude und glück
in ihren mauern gegeben.

ich fahre nun fort, hinaus in die welt.
ich lasse die stadt hinter mir
und suche den weg hin zu dir.

die liebe, die uns durch den winter bringt,
ist bleibendes zeichen für leben
und du sitzt bei mir daneben.

Whereever you go – there you are.

Eine banale Weisheit, wo du hin gehst, da bist du.
Oder ist es nicht banal? Wie oft sind wir da, wo wir
nicht hin wollten? Gestrandete in einer Situation,
die wir nicht wollten? Dann sind wir nicht frei? Oder
sind die Wege da und wir sehen sie nur nicht,
denken in den Mustern, die wir so verinnerlicht
haben, dass sie uns dahin gebracht haben, wo wir
sind, ohne es zu wollen. Wo du hingehst, da bist
du.
Das ist wahr. Wahr ist aber auch: Wo du fort gehst,
da bist du nicht mehr. Fort, das ist von etwas weg
zu etwas anderem hin, und damit wieder:
Whereever you go – there you are. In den 80er
Jahren des vergangenen Jahrhunderts drückte es
ein Dichter einmal so aus: Ey, wenn du immer nach
Osten geht's, kommst du von selber nach Westen.
Was hindert uns zu gehen?
Meist ist es nur unsere eigene Bequemlichkeit, ein
„Das haben wir immer so gemacht!" oder ähnliche
Ausreden.
Augustinus hat einmal den Satz geprägt: Liebe
(Gott) und tu was du willst. Warum? Warum soll ich
tun, was ich will, ich muss das tun, was ich muss
oder was der Chef sagt. „Tu was du willst", das
könnte auch heißen: „Wolle was du tust!" Versuch
doch einmal, das was du tust einem imaginären
Kind oder einem Auszubildenden zu erklären. Das
„Warum?" einer Handlung nicht erklären zu können
heißt, da zu sein, wo wir nicht sein wollen.
Tu was du willst! Wenn ich nichts will, tue ich dann
nichts?
Denk mal drüber nach!

Wege

Eine japanische Weisheit sagt, keine Straße sei
lang mit einem Freund an der Seite. Und doch ist
der Alltag von anderen Faktoren bestimmt.
Menschen laufen an mir vorbei.
Ich denke, das ist eine Umschreibung für einen
Großteil des Lebens. Denn mir begegnen immer
wieder Leute, die irgendwann einmal vergessen
sein werden.
Erst waren sie Freunde, dann Kollegen, Bekannte
und zuletzt sind es Fremde.
Man sieht ein Gesicht und denkt "Da war doch mal
etwas...", aber man erinnert sich nicht. Es ist der
Lauf der Welt. Die Menschen laufen,
sind ständig in Bewegung, verändern
sich, mich und ihre Umgebung.
Sie begegnen mir auf ihrem Lebensweg, und wir
gehen den Weg ein Stück weit zusammen.
Meist eine Weile. Später dann sind sie wie die
Schatten auf dem Weg; sie gaben dem Wanderer
Kühle oder Kälte.
Vergessen ist der Lauf der Dinge, die Erinnerungen
verblassen, die Zeit trocknet sie aus - wie den Weg
nach einem Leben spendenden Regenguss.
Am liebsten sind mir diejenigen, die den Weg eine
Zeit lang mit mir teilen.
Meine Freunde, die mitgehen, egal ob der Weg
sonnig, eisig, eben oder steinig ist. Sie sind mir die
liebsten, sie teilen meine Sorgen, und gleichzeitig
bewundere ich sie, dass sie es mit mir aushalten.
Dies schreibe ich, um euch zu ehren und zu
danken, meine Freunde.

Aufbruch zu neuen Ufern

Wir sind gelandet.
Wir haben den Fuß auf fremden Boden gesetzt,
haben unbekannte Länder in uns selbst entdeckt.
Wir wollten uns selbst erforschen,
uns erkunden,
und herausfinden,
was hinter dem Ich verborgen ist.
Unsere Schiffe sind mit dem Wind unserer Seelen
gesegelt.
(Und in unseren Seelen war selten Flaute,
selten gab es nicht genug Gefühle,
um die Gefäße zu sprengen und alles überlaufen
zu lassen,
es waren immer Wellen da.)
Unsere Schiffe haben stolz die Wogen geteilt,
der Ausguck im Mastkorb war immer aufmerksam.
Wir denken heute nicht zurück,
an den Tag,
als er „Land in Sicht!" rief,
mag es gestern oder vor hundert Zeiten gewesen
sein.
Gelandet an einem unbekannten Strand
sind wir an Land gesprungen,
Haben die Rucksäcke geschnürt
und sind losmarschiert.
Die Dämmerung senkte sich über das Land,
aber wir blickten nicht zurück,
während wir einer ungewissen Zukunft
entgegengingen.
Es geht nur nach vorne,
unsere Schiffe haben wir verbrannt,
denn jeder Rückweg nach gestern ist Illusion.

Herzen und Entfernungen

Wenn die Herzen

sich nahe sind -

was macht dann schon

Entfernung aus?

Sie ist nur ein Stein

von vielen

die das Leben uns

in den Weg legt.

Doch denke daran:

Aus Steinen, die Dir

in den Weg gelegt werden,

lässt sich auch

eine Brücke bauen.

Totenstadt

Die Stiefel geschnürt für den Weg in die Zukunft,
Erfahrung als Waffe geladen zur Hand,
Den Kopf voller Bilder, Gedanken und Tränen,
Mit Staub auf der Seele und reibendem Sand.

Die Sonne ist längst schon verblasst in den Wolken,
Vor mir liegt der Weg und der Weg ist das Ziel,
Ich sehe die Zukunft, die Augen sind trocken,
Ein Schritt ist ein Schritt und ich frage nicht viel.

Der Backstein erglänzt feucht und zeigt seine Narben
Die Stimme im Ohr singt von Liebe und Glück,
Mein Schatten: Er redet, er sagt: „Ich bin einsam!"
Zerbrochene Scheiben, ich schau nicht zurück.

Novemberwind bläst mir den Staub von der Seele,
Ich rieche die Luft einer längst toten Stadt,
Wie einfach, wie herrlich, wie öd ist das Leben,
Wenn man nur die Träume und sonst gar nichts hat.

Es reißt etwas, Dämme, sie brechen im Innern,
Ein Schrei bahnt sich an, wie ein wilder Orkan,
Zerfetzt mir die Seele, ich schreie und sehe
Mich selbst in den Trümmern der Totenstadt an.

Befreiend entringt sich der Ton meiner Kehle,
Unendlich und glücklich klingt heiliger Zorn,
Ein Dämon von gestern, er fraß meine Seele,
Es bricht nun heraus, und ich sehe nach vorn.

Ich fühle mich frei, denn nun seh' ich die Straße,
Die düstere Straße, in gleißendem Licht,
Ich schreie, ich lache, ich weine, ich laufe,
Die Zukunft ist hell, zurück sehe ich nicht.

Die ewige Sanduhr
von Liebe und Freundschaft

Die Mauer

Ein Fenster ist im hohen Norden,
wo dunkel selbst der Sonnenschein.
Vorm Fenster will das Licht man morden,
mit einer Mauer, stark, aus Stein.

Nur selten ist die Mauer fort,
dann zeigt ein Bild sich, oftmals fahl
erhellt mir etwas diesen Ort
durch heller Sonne matten Strahl.

Das Wissen, dass ich drinnen sitze,
in jenem dunkeldüstern Haus,
dringt tiefer als des Speeres Spitze,
bis sicher ist: ich will hier raus.

Du kommst daher mit sichrer Hand,
schlägst das Gefängnis mir entzwei,
du bringst das Licht, du fällst die Wand,
und wenn du da bist, bin ich frei.

Die einz'gen Mauern, die noch blieben,
sind tief in meinem Herzen drin.
sie wegzuwischen; dich zu lieben,
gibt meinem Leben einen Sinn.

anklage

die mauer in mir ist zerbrochen.
öffne das fenster,
zeig mir das leben,
gib mir,
was nie jemand gab mir zuvor!
EIN weg in die zukunft verbaut,
einer offen,
ein umweg,
mit steinen
und dornen
und so.
die nötige kraft,
DEN weg zu beschreiten,
raubst du mir,
ich schaff's nicht,
mich umzudreh'n.

im taumel der zeit
bautest du eine mauer,
die zwischen uns steht
wie ein fels in der see.
wenn du nichts glaubst,
muss ich stärker noch schreiben,
nicht stories,
nicht briefe,
gedichte
und so.

die zeit ist ein mörder,
und DU bist ihr helfer,
als retter,
als schaffer
habe ich keine chance.
drum sag ich,
es bleibt,
was da ist
an empfinden,
gefroren
im eis deiner zeit,
deiner qual.

die zeit wird's befreien,
ja,
ich bin ihr helfer,
damit wir verändern,
was zwischen uns ist.

denn wahrheit
ist nicht das,
was gestern geschah,
ich seh' dich,
ich mag dich,
unerreichbar nah.

lebend

lebend
zeit erlebt
dreiundzwanzig sommer lang
eine endlose straße entlanggewandert
erlebt
erfahren
gelitten
gefreut
leben
das spuren hinterlässt
kerben in den wangen
risse im fleisch
tränen in den hirnwindungen
heiße spuren auf der haut
verbitterung im herzen
so viel gelebt
und doch so wenig
sagend
ich kenne die menschen
so viel wissen
und doch alles nichts
kerzen im wind
schmetterlinge auf eisenbahnschienen
raupen auf autobahnen
herzen verloren
in ländern
die es nicht mehr gibt
vielleicht nie gegeben hat

schreiben mit blut
schreiben auf eigene knochen
gedichte
die leben in muskeln gebrannt hat

*neue erfahrungen
leben bis zur grenze
reden bis zur dämmerung und darüber hinaus
in die dunkelkammer des herzens eintreten
licht anmachen
staub von den regalen wischen
auftauen
aufwachen
auflachen
ein wort
schmetterlinge fliegen auf
streifen mit ihren flügeln
bauchfell
steichelnde geräusche
in der sprachlosigkeit
kitzelndes gefühl
befreiend
ein gemeinsames lachen
leben?*

Geträumt

Geträumt hab ich von dir
in einer kalten Nacht,
doch es war nur ein Windbild -
allein bin ich erwacht.

Man sagte mir, ich solle
am Tag und in der Nacht
die Träume selber leben -
Ich hab es nie bedacht.

Ein Windbild, das entschwindet
mehr warst Du bisher nicht,
vom Weckerton gebunden,
gemordet dann vom Licht.

Ein Mensch, der in den Träumen
und aus den Büchern lebt,
wird dir niemals begegnen,
weil er sich nicht bewegt.

Er wird dich niemals treffen,
nie sagen, was ich sag,
mit Angst in meiner Stimme:
Dass ich dich wirklich mag.

Doch - wirst du es verstehen,
wie dieser Satz gemeint?
Mich anseh'n und erkennen:
Er ist mehr als er scheint?

Das „Alles oder Nichts"
manchmal ist es Gefahr,
denn sagte ich "Ich lieb Dich"
Wär es vielleicht nicht wahr.

Du kannst es nicht begreifen,
nur fühlen, so wie ich,
ich werde dich verstehen
Sagst du: „Ich will Dich nicht!"

Es ist schon etwas seltsam:
Ich hab dich nie geseh'n
und schreib Dir ein Gedicht,
das soll - wer's kann versteh'n!

Doch wenn ich Dich mal treffe,
dann kannst du sicher sein:
Dies hier ist nur für dich,
Ich schrieb's für dich allein.

Ansage

für dich würd ich zum nordpol wandern,
doch was soll das?
für dich würd ich im handstand die sahara
durchqueren,
doch was soll das?
für dich würd ich alle kriege dieser welt
gewinnen,
doch was soll das?
für dich würd ich poseidon ersäufen,
doch was soll das?
ist es nötig,
dass ich den mars in einem ruderboot erreiche?
ist es nötig,
dass ich den pazifik auslöffele?
ist es nötig,
dass ich die sandkörner in der wüste zähle?
das ist nicht nötig!
ich bin bereit
zu tun,
was not tut,
bin bereit,
den weg mit dir zu gehen,
bin für dich da,
wenn du mich brauchst,
bin alles für dich,
was du dir erträumst,
oder versuche,
es zu sein.

halten,
fühlen,
geben,
nehmen,
verstehen,
trösten,
aufbauen,
lieben...
ich muss nicht jeden drachen für dich
erschlagen,
doch wenn die drachen aus dem dunkel
kommen,
so bin ich da.
wenn die drachen aus dem dunkel kommen,
um dich zu holen,
werde ich die krone der gewalt ergreifen,
das schwert an meine seite gürten,
den revolver laden und dich retten.
wenn ich falle,
wenn ich dich gerettet habe,
so werde ich mit einem lächeln fallen,
wenn es sein muss werde ich gegen den teufel
schach spielen,
um dich zu retten,
wie orpheus den könig der unterwelt mit der
gitarre erschlagen...
und sollte ich in der hölle landen,
werde ich sagen:
na und?
eine minute mit dir ist es wert.
was ist schon die hölle
wenn ich sehen darf,
wie du lächelst?!

Weisheit

magie

bezwinge mit

magie

wer fällt

steht wieder auf

beim lieben

sage niemals nie

und leb'

der welten lauf

Ode an die Muse

(in Ermangelung einer besseren Adressatin)

Einst hab ich es für ganz normal angeseh'n

Es war halt so da, und ich nahm es mir

Heut würd' ich für'n Bruchteil noch meilenweit

geh'n

Für 'nen Splitter vom Glück, für 'ne Zelle von dir.

Ich kenn dich zu kurz um dich zu lieben,

Zu wenig, um Teil deines Lebens zu sein,

Ich weiß nur: ich such dich; es gibt dich -

Obwohl ich mir da nicht mal sicher bin.

Du bist auf der Suche, du tauchst durch dein

Leben.

Du findest nicht, weil du dich selber nicht suchst.

Ich wollte dich suchen, erleben, entdecken.

Und wenn mal die Zeit kommt, dann bin ich auch

da!

töne klingen

töne klingen

wie perlen

aus der ferne

dringen ins ohr ein

taumeln ins hirn

wünsche bilden sich

unser lied

deine stimme

eine euphoriebremse

die längst versagt hat

wenn zwei menschen

hoffnungsvoll ineinander knallen

ohne airbag

ein bild

das die wahrheit nicht wiedergibt

augen

die blind sind

wenn ein herz sieht

ein tag

an dem eine blume

aus dem telefon wächst

eine nacht

die den mantel breitet

über gut und böse

die den weg

zu einem nichts macht

ein satz

wie samtenes dynamit

sprengt einen panzer aus eis

auftauend werde ich

dir eine träne schenken

aus der an deinem herzen

eine rose wächst

eine rose

die sagt

schön

dass es dich gibt

totes gestein

ich suchte
nach etwas
das ich nicht finden konnte.
weil du es nicht geben wolltest.
weil ich es nicht finden wollte.
dennoch ist es da.
ich sehe es.
ich bohrte totes gestein an.
ich gewann.
ich gewann eine freundschaft.
ich gewann die welt.
es ist so etwas wie glück.
doch es zerrinnt nicht wie liebe
zwischen den herzen.
es ist zeitlos
es ist stärker als wir.
es ist stärker als die anderen.
es ist stärker als der tod.
ich bohrte totes gestein an
und fand einen schatz.
dich
was ist denn glück?
zu leben.
der welt gemeinsam entgegenzutreten.
gemeinsam zu siegen.
einander verstehen.
einander blind vertrauen können.
was ist denn glück?
alles
und eines:
zu sehen, wie du lächelst.

Ode an deinen Hund

Ich beneide ihn!

Er ist bei Dir
Er freut sich öfter,
weil er Dich sieht.
Er frisst Dir aus der Hand.
Deine Wege geht er mit Dir.
Er kann Dir zeigen,
was ich Dir nur sagen kann.

Ich bedauere ihn!

Er sieht Dich nicht mit meinen Augen.
Er kann Dir keine Tränen
wegküssen.
Er hat keine Hände,
Dich zu streicheln.
Er kann Dir nicht sagen,
wie sehr er Dich lieb hat.

Ich kann es
und ich will es
und ich sage es
immer wieder!

Liebe III

lieben
brauchen
gewöhnen
alles leere worte
das leben ist hart genug
heute
du allein
ich allein
getrennt von hundert
meilen und dem schicksal
erstmals wissen
was das ist
vermissen

nicht deine wärme
beim aufwachen fühlen
nicht dein mund
nahe an meinem
nicht deine haut
spüren dürfen
weich wie samt
nicht dein geruch
den ich so liebe
nicht deine haare
die meine finger
zärtlich durchwandern
nicht deine augen
die sagen
dass du da bist

nicht deine stimme
die mich festhält
bei dir
die mich auffängt
nicht ein brief
dringt zu mir
auch das telefon
bleibt grausam stumm
nichts hilft
nur warten
auf den tag
an dem
ich dich
wiedersehe

was
werde ich dann
sagen

habe dich vermisst

brauche dich

liebe dich

ach sieh doch selbst
ich will dich
hier
und jetzt
ich liebe dich
ende
der
durchsage

Julia in der Cargohose

War es die Nachtigall oder die Lerche
die eben unsren Schlummer stört?
Der Wecker war's, der penetrante
von dem man laut den Summer hört.

Ich fasse Dich, ich will Dich halten,
will mehr als Romeo Dir sein,
nicht feige einfach so erkalten
kannst Du einmal nicht pünktlich sein.

Die Julia, die bist auch Du nicht,
verstehst das Warten, bist nicht brav,
ein Traum für mich, die wahrste Freundin:
Die Liebe, die ich küssen darf.

Die Julia ist ne feige Ziege
kann warten nicht und gibt schnell auf.
Doch wenn ich glücklich bei Dir liege
verändert sich der Welten Lauf.

Planeten fallen aus den Bahnen,
Sonnen entsteh'n, die Welt verglüht.
So schön, so kann man es nicht planen,
was hier mit Dir und mir geschieht.

Dein Herz zu heilen und zu gewinnen,
offen, nicht heimlich wie ein Dieb
erträum ich mir und fürcht zu spinnen.
Sicher ist nur: Ich hab Dich lieb!

Liebe

Kennst Du die Liebe,
die Dir fast das Herz verbrennt?
Die Liebe für die man keinen Namen kennt?
Kennst Du die Liebe,
für die ein Scherz Verbrechen ist?
Bei der ein Zögern Dir
das Herz zerfrisst?
Du kennst die Liebe,
die Dir Schmerz gebracht,
doch auch die Liebe,
die am Bett Dir wacht.
In tausend Nächten
ohne Licht und Schein
wuchs mir der Wunsch,
bei Dir zu sein.
Dir Halt zu geben,
Trost und Ruh -
ich seh' so gerne Dir
beim Schlafen zu.
So gerne küss ich Deinen Mund
sogar in früher Morgenstund.
Ein Kuss von Dir erweckt den Tag,
lässt träumend mich erwachen,
so dass ich gern zu hoffen wag
auf tausend schöne Sachen.

"Kennst Du die Liebe?"
fragst Du mich
ich sage
"Ja!
Ich kenne Dich!"

Für Dich

Ich wollte Dich als Rose pflanzen,
Ich glaub', ich habe Dich begehrt,
Doch das, was wuchs, gedieh und blüht
Ist mehr als eine Rose wert.

Ein Kirschbaum bist Du mir geworden,
Den man so gern in Blüte sieht,
Die Früchte, die er trägt, sind Freundschaft,
Die süßer ist, als wenn man liebt.

An Deinem Stamm möcht' ich verweilen,
Du gibst mir Kraft, Du gibst mir Trost
Und Schutz mit deinem Blätterdache,
Wenn mich des Lebens Sturm umtost.

Dir möcht' ich eine Linde sein,
Dir Schatten geben, Halt und Ruh',
Und wenn Dich schwere Sorgen quälen,
Setz Dich zu mir, ich höre zu.

hochseil

du sagtest lass mich, denn ich bin frei,
ich tu's, was ist denn auch dabei,
auf deinem hochseil über die welt
willst du allein geh'n durch ihr zelt.

ein schritt, - balance -, ein schritt, ein schritt
im geiste geh' ich jeden mit
deine füße tasten aus den weg
über diesen schmalsten steg.

die straße, die du freiheit nennst,
ist etwas, das auch du nicht kennst,
obwohl du drüber wandelst.

ein seil, kein netz, nur ich steh' drunter,
ich fang' dich auf, fällst du herunter,
und das egal, wie du auch handelst.

Spiel

komm, lass uns spielen
das alte spiel
von wahrheit
liebe
tod
du fragst
ich antworte
dann frage ich
und du antwortest
nur die wahrheit gilt
es geht hin und her
frage - antwort
wie immer
jeder weiß, dass der andere
nicht lügen wird
soviel ist sicher
und ich warte
warte lange
warte immer noch
werde weiter warten
bis du endlich die frage stellst
auf die es ankommt
die einzelne kurze frage
auf die es nur eine kleine antwort gibt
ja
wir spielen das alte spiel
von wahrheit
liebe
tod
ich kann nicht verlieren
nur warten

Zukunft

Ja, ich leihe dir mein Leben,
doch verschenken werd' ich's nie.
Das Leben soll uns Freude geben,
und nicht uns zwingen in die Knie.

Häng dich dran an meine Zukunft,
bloß erben wirst du es wohl nicht.
Denn nie wird man sie teilen können,
weil sie sonst daran zerbricht.

Last der Liebe, Hoffnung: Keine,
Freundin aus der Phantasie,
ja, ich such' dich, doch ich meine,
finden werd' ich dich wohl nie.

Einmal wird das Dunkel enden,
zeigt ein Licht sich- irgendwann,
Werd' fassen es mit eignen Händen,
wenn ich noch dran glauben kann.

Zukunft sag: Was willst du von mir?
Gibst mir Glück, dann liebst du mich?
Ja, dann gib es, jetzt und hier,
sonst schaff' ich es auch ohne dich!

Lächelnde Blume

lächelnde blume
im frühen sonnenlicht
aufgestanden
unerwartet tätig
danach auf dem bauch liegen
erschöpft
schauen
den dreck beobachten
und plötzlich
sehen
ein schwaches grün
streichholzdick
im kampf mit der erde
gewinnen
ein blatt
zartgrün
durchscheinend im ersten sonnenlicht
vor meinen augen wächst es
reckt sich dem himmel entgegen
und nur der himmel ist die grenze
ich meine
ein schwaches geräusch zu hören
als sich die blüte öffnet

aus einem grünen streichholz
wird eine bunte blume
die im sonnenlicht leuchtet
sie sieht mich an
und lächelt
eine zarte blume zwischen staub und dreck

welche gnade ward mir zuteil
ich durfte zusehen
so etwas wie glück
umspinnt mein herz
und ich freue mich
für sie
die aufgeblüht ist
für mich
der ich es sehen durfte

ratschläge
trage deine blüte stolz
lebe draußen
ende nicht in einer vase
machs gut
kleine blume

Treibsand

Kind der Zeit

Er kam auf die Welt,
nicht richtig bereit,
das Leben zu leben,
- ein Kind dieser Zeit.

Er liebte sein Dasein,
sein Traum reichte weit.
Er glaubte daran,
- ein Kind dieser Zeit.

Er lernte zu lernen
und suchte Weisheit,
um die Welt zu verbessern,
- ein Kind dieser Zeit.

Nicht alle verstanden,
sie war'n nicht zu zweit,
sie waren die Feinde
vom Kind dieser Zeit.

Ja, er hatte Erfolge,
sein Arm reichte weit-
und doch war er hilflos,
- ein Kind dieser Zeit.

Am Tag des Triumphes
für die Menschheit,
da wurde er traurig,
- als Kind dieser Zeit.

Sein Werk war vollendet.
Das verhüllende Kleid
der Zukunft lag offen
fürs Kind dieser Zeit.

Man hat ihn ermordet,
vorbei ist die Zeit.
Für den größten der Träumer
gab sie's Totenkleid.

Für Janusz Korczak, Martin Luther King, Gandhi,
Sokrates, John F. Kennedy, Jesus von Nazareth
und alle die Namenlosen, die versuchten, die
Welt zu verbessern.

FRAGEN

wenn die zeit ruht,

die tage länger,

die frage

"heute schon gelebt"

öfter,

die in der stadt verbrachte zeit

mehr,

das verlangen

zu schlafen,

auszuruhen,

übermächtig,

wenn die frage nach dem

"warum"

immer öfter wird,

aber die antwort

"weil es so besser ist"

nicht mehr genügt,

dann ist es zeit!

DANN GEH HIN UND SCHREI
ES HINAUS,

DANN GEH HIN UND SUCH
NACH DER ANTWORT,

DANN GEH HIN UND FRAG
NACH DER FRAGE,

UND WENN DU AUCH SUCHST,
UND WENN DU AUCH FRAGST,

UND WENN DU AUCH SCHREIST,
UND WENN DU AUCH KLAGST,

UND WENN DU AUCH IRRST,
UND WENN DU AUCH FÄLLST,

UND WENN DU IMMER
DIE NERVEN BEHÄLTST,

DANN KOMMST DU AM ENDE ZUM ZIEL,
ZU DER ANTWORT,

DANN BEENDE DIE SUCHE
UND ZÄHL DEINE TOTEN!

enigma

kämpfen!

ist es das?

oder warum wird die stimme hart?

bin ich der feind,

den du mit den peitschen deines atems niederringen

musst?

oder bist du der feind in dir?

warum schleuderst du die worte auf mich,

nutzt sie als waffe?

unterdrückte agressionen einer vergewaltigten seele

durchscheinen

als wellenbrecher die schallwellen deiner worte.

ein essen wie ein klingonisches pon farr,

nicht kratzen,

beißen und blut aus wunden geschlagen von gierig

triebigen zähnen in brauner haut

sondern worte,

kritiken,

eindrücke und kritiken an meinungen.

in der liebe und im krieg sei alles erlaubt,

höre ich hild aus modernden zähnen säuseln,

ehe ihr schädel zu staub zerfällt.

ein gespräch,

in dem alte lieder als schild mein hort sind?

die gedanken sind frei?

ein wort ein satz aus chiffern steigen???*

tut es not?

nein!

wozu einen kampf führen,

in dem beide seiten die guten sein könnten?

der zwang

einander übertreffen zu wollen,

er endet an einer mauer aus salz getrockneter,

ungeweinter tränen.

schale erkenntnisse in zögernd dämmerndem

morgenlicht,

ein ich,

das erst dann autark wird,

wenn ein wort sich drehen kann,

ohne widersprochen, wie von pfeilen durchbohrt, zu

boden zu sinken.

überall rote tücher,

pfeile,

---

* Zitat aus Gottfried Benn: „Ein Wort". Mit dieser Fußnote geht ein ganz besonderer Gruß an Herrn Karl Theodor Maria Nikolaus Johann Jacob Philipp Franz Joseph Sylvester Freiherr von und zu Guttenberg

schwerter,

eine sonne,

die unbemerkt untergegangen ist

doch denke um,

stecke zwei schwerter in den boden,

breite ein tuch aus und sieh der sonne zu,

wenn sie ein wenig erwacht ist,

deine lider roten tüchern gleich durchschienen hat,

dich blendend wie mit schwertern deine augen

durchbohrt habend,

dann erkenne dich selbst in deinem schatten,

einem langen schatten,

der im laufe des tages kürzer wird.

erkenne dich als ungleich mit deinem schatten

oder verschwinde im zenit

tagewerk.

entscheidungen werden getroffen werden müssen,

fundierend,

basierend auf schein,

definition und meinung

erkenntnisse aus zweieinhalbtausend tagen:

ich beachte meinen schatten,

aber nicht als fundament meines eigenen wer ist ich,

denn sonst ist die nacht da

und die wesen aus der nicht seienden helligkeit
kommen,
greifen nach der seele,
essen sie auf,
vom rülpsen der monster erwachen,
im mund einen schalen geschmack -
wie vom lutschen an einer münze mit nur einer seite,
wissend ein habender seiend
besitzer und herr einer eigenen seele,
unwilliger verteidiger derselben
ein ziehen des schwertes,
das zum firstbalken geworden ist,
als letzte ungewollte unwollende handlung
wünsche die bleiben,
träume die überleben,
forderungen einer seele,
die ihr ich bewußt nicht ausreizen will und muß,
wünsche und forderungen nach trivialität,
ein besaufenwollen,
reden ohne nachzudenken,
lachen und nacktheit -
emotionales gähnen
aus wohlbefinden statt erschöpfung
möglichkeiten?

quitt

wir sind quitt

haben nichts mehr zu sagen

letale zärtlichkeit

streichelte uns

mit ihren knochenfingern

über die wange

keine schuldgefühle

beim nachsehen zeigt sich

nur der leise hauch des todes

was einst liebe war

ist nun ein komposthaufen

er riecht nicht gut

aber er wird meine zukunft düngen

mit erfahrungen

die ein teil sind

von mir

von dir

nichts bleibt zu sagen

alle fragen

sind geklärt

alle antworten

sind längst asche

was bleibt?

verwirrung

letale zärtlichkeit:

ein letzter abschiedskuß

und ein lebewohl

wenn du gehst

vaya con dios

für immer

leise erkenntnis:

gut

dass es

vorbei ist.

Brüder

Brüder,

die Nacht

wird kommen

-

und sie wird lang,

dunkel und kalt sein,

-

aber gemeinsam

werden wir sie

überstehen.

sonne

im exil sehe ich

den sonnenuntergang.

es ist die gleiche sonne,

der gleiche untergang.

jetzt weiß ich, ich bin

überall zuhause.

fremd?

welch ein sinnloses wort!

das menschliche herz ist wie die

sonne: es strahlt,

es geht unter, aber

immer geht es auch

wieder auf.

Sand im Getriebe

Nimm, was du verdienst!

Du hast verändert.
Du hast die Freiheit verändert,
wie es dir passte.
Du hast die Ehre herabgesetzt,
hast sie auf dein Niveau heruntergeholt.
Du hast das Ehrenwort eines Mannes,
das höchste Gut unter dem Himmel,
zu einer Farce gemacht.

Doch ich bin dir nicht böse drum,
Ich verstehe dich sogar,
denn du hast alles
nach deinem Bild getan.

Auch als du die Wahrheit verspieltest,
hast du es nach deinem Bild getan:
Du hast die Wahrheit
zu einer Hure gemacht.

Grenzfall

Die Sonne ging hinter den Bäumen unter, aber der Mann auf dem Turm beachtete sie nicht. Wie jeden Tag suchten seine Augen das Land ab. Wie jeden Tag sahen sie keine Menschen, nur Zäune, kahles Land, und Felder, die nicht mehr bestellt wurden. Als die Dunkelheit sich mit dem gläsernen Mantel der Nacht über die Gegend breitete, hatte der Mann gerade zwei Stunden auf dem Turm hinter sich. Er hängte sich das Nachtglas um den Hals und blickte wieder hinaus. Der Fernsprecher klingelte drei Stunden vor Schichtwechsel. Der Mann bestätigte, daß er noch würde weitermachen müssen. Seine Ablösung hatte sich krank gemeldet. Er seufzte. Kalt war es obendrein. Er schüttelte sich eine f6 aus der Packung und riß ein Streichholz an. Das schabende Geräusch störte die Stille, die sonst nur von den Stiefelschritten unterbrochen wurde.
Da passierte es.
Ein bläulicher Blitz erhellte die Nacht. Der Mann im Turm sprang zum Suchscheinwerfer und richtete den Todeskegel auf den Zaun. Sein Herz raste. Wenn es jetzt passierte, weil er unaufmerksam war? Der Lichtschein, sonst Zeichen für Zivilisation, hier Todesbote streichelte den Zaun entlang.
Ein Vogel hing mit seltsam verdrehtem Kopf und verbrannt- blutigem Gefieder im Starkstomzaun.
Glück gehabt, dachte der Mann, daher der Blitz.
Doch da war noch etwas.
Im Streulicht des Suchscheinwerfers glaubte er, eine Gestalt am Boden zu erkennen. Er griff das Gewehr von der Wand. Es hatte ein Nachtsichtzielfernrohr und ein Magazin, das groß genug war, um zum "Erfolg" zu gelangen, ohne nachladen zu müssen. Der Mann

visierte die Stelle an, an der er die Gestalt gesehen
haben wollte.
Es war unwahrscheinlich, dass jemand durch das
Minenfeld kam. Die Minen waren aus Plastik,
versiegelt, nahezu unvergänglich und nicht zu orten.
Wer darauf trat, verlor ein Bein oder beide und lag
schreiend in der Nacht, bis er verblutete, oder bis die
Wachen ihn am Morgen erschossen. Das
Nachtsichtgewehr wurde nur selten gebraucht.
Aber heute war ein Mensch dort. Er versuchte, unter
dem ersten Zaun hindurchzukriechen. Der Mann auf
dem Turm bekam einen Kopf ins Visier.
Er kannte diesen Mann!
Es war seine Ablösung.
Der Mann am Zaun war sein Kollege, er hatte eine
Frau und zwei Kinder. Der Mann auf dem Turm war
sein Kamerad, er hatte seine Grundausbildung mit
ihm zusammen abgeleistet. Der Mann am Zaun hatte
für ihn gelogen, als er nicht zum Dienst gekommen
war, weil seine Mutter im Sterben lag.
Der Mann am Zaun war sein Freund.
Der Mann auf den Turm legte das Gewehr beiseite,
griff seine f6 aus dem Aschenbecher und blickte in die
andere Richtung.

Die Wahrheit aber ist anders. Es geschah nicht so wie
in einem Film mit Happy End. Denn der Mann auf
dem Turm legte das Gewehr nicht weg. Er blickte
nicht in die andere Richtung. Er drückte langsam und
bedächtig den Abzug durch und der stille, gläserne
Mantel der Nacht zerbarst zu blutigen Scherben.

etwas

morgens wacht sie auf,

sieht den tag vor sich und

verzweifelt.

die grauzone.

sie denkt sich hinein,

sie duscht sich heraus,

wartet darauf,

dass etwas passiert,

teilnahmslos.

mittags,

wenn das licht sie lebendig macht,

hängt sie einem vergessenen traum nach,

der in der realität erstickte,

weil er nicht genug phantasie zum atmen hatte.

abends dann,

wenn der tod durch die straßen schlendert,

kommt sie zu ihm und sagt:

hallo, hast du etwas zeit?

etwas II

wenn er aufwacht,

geht es ihm gut,

bis er erkennt,

was real ist.

dann beginnt der tag

sich mit eisernen haken

in sein fleisch zu bohren.

das leben hinterläßt

seine brandnarben.

er weiß,

dass er nichts dagegen tun kann.

aber nachts,

in seinen träumen

verheilen die narben

und morgens macht er weiter

wie bisher.

hoffnung auf besserung

hat er keine mehr.

Herbst

Zeit der Wetterwesen
Windriesen trampeln am Haus vorbei
Setzen sich aufs Dach
Rütteln an den Fenstern
Ich gehe raus
Regen schlägt mir ins Gesicht
Wind überschüttet mich mit feinen Wassertröpfchen
Blätter fliegen an mir vorbei
Vergessene Zeit
Vergangene Zeit
Autoscheiben beschlagen
Beim Weg in den Tag
Wind rüttelt mich durch
Rüttelt mein Auto durch
Zeigt mir
wer hier der Herr und Meister ist
Zeigt mir
dass ich es nicht bin
dass ich keine Gewalt über den Tag habe
Wind ist mein ständiger Begleiter
an diesem Tag
erinnert mich immer daran
dass das Weltall sich wieder hereindrängt
hereindrängt in mein Leben
und dass das Weltall kalt ist
Durchfrorene Hände
rote Nasen
zerzauste Haare
Herbst
Zeit der Wetterwesen
Zeit der Windriesen
die umherstapfen
und die Welt mit ihrem Dröhnen erfüllen
Grimmige Zeit
Saure Bäume
Tote Blätter

Absterbender Sommer
Oder ein Sommer
der längst gestorben ist
Der Gedanke an Frühling
erscheint irgendwie pervers
irgendwie fehl am Platz
irgendwie unzeitgemäß
und ich sitze
glaube
das Steuer fest in der Hand zu haben
doch in Wirklichkeit bin ich nur ein Knecht meines
eigenen Lebensweges
ein Arbeiter an meiner Zukunft
die doch schon längst im Buch des Lebens geschrieben
steht
und ich fahre
und ich werde gefahren
und ich ziehe
und ich werde gezogen
entgegen
einer Zukunft
die doch nur immer wieder das Rad des Lebens neu
beginnt
immer wieder von vorn anfängt
ohne neues
ohne Nachricht
Zu einer Zeit
wo der Spruch
NO NEWS ARE GOOD NEWS
nur noch blanker Hohn ist
Herbst
Zeit der Wetterwesen
Zeit der Windriesen
die sich mit Eiszapfen duellieren
die sich mit Blättern bewerfen
die die Welt durchstampfen
und die es nicht einmal bemerken
wenn sie einen Menschen zu Tode trampeln

jeden morgen

es kommt ein wanderer an meinem haus vorbei

er sieht mich

er winkt

reflexartig winke ich zurück

vielleicht unbewusst

vielleicht ungewollt

jeden morgen

kommt ein wanderer an meinem haus vorbei

in einem schwarzen mantel

er sieht mich und winkt

und ich winke zurück

vielleicht fragend

vielleicht traurig

jeden morgen

kommt ein wanderer an meinem haus vorbei

in einem schwarzen mantel

das gesicht fast verborgen

in der kapuze

vielleicht lächelt er

aber immer winkt er mir zu

und immer winke ich zurück

vielleicht ahnend

vielleicht fürchtend

jeden morgen

kommt ein schwarzer mann an meinem haus vorbei

sieht mich und winkt

ich winke zurück

ich glaube zu wissen

wer er ist

jeden morgen

geht er vorbei

an meinem haus

und er winkt

und ich winke zurück

jeden morgen

geht er an meinem haus vorbei

sieht mich und winkt

und ich winke zurück

jeden morgen

geht er vorbei

wann wird er anklopfen

an meiner tür

um mir die hand zu schütteln

eines tages

ich habe angst

der schatten

nachhausekommend sah ich ihn

er saß in der ecke

ich fragte, wer bist du

er sagte, ich bin ein schatten

ich fragte, was willst du

er antwortete, ich warte auf dich

und ich werde dich kriegen

ich sagte, ich weiß

da ging er

Man kann auch im Sand

sitzen und lachen…

Der Pfeil

Fortuna ist müde, geht mit Amor ins Bett,

Ich schieß in der Zeit seine Pfeile.

Ich traf zwar dein Herz, doch das ist gar nicht nett,

Denn ich heiße nicht Amor, und jetzt bist du tot.

Dir hilft es nicht weiter, was ich für dich dichte

Wie du vor mir liegst mit dem Pfeil in der Brust.

Mal ehrlich: Ich bedaure die ganze Geschichte,

Dass ich so gut treffe hätt' ich nicht geahnt.

Ich wollt deine Liebe, ich wollt nicht dein Leben.

Doch nun ist's passiert, es tut mir auch leid.

Du hast aus Versehen das Falsche gegeben,

Nun ruhe in Frieden, mach's gut und bis bald.

Ein Schießsportabzeichen hat man mir gegeben

In Silber mit Lorbeer, es steht mir echt gut.

Wie ich es nun trage, kannst du nicht mehr erleben,

doch sei dir versichert: Ich denke an dich.

Ein Stechen

Er fährt 'nen Porsche,

'nen ganz schnellen

gehört beim Denken nicht zu den Hellen,

und sucht nach einem Gegner, der

genauso schnell fahr'n kann wie er.

Er findet keinen, so ein Pech

für viel PS und wenig Blech.

Doch da sieht er am Horizont

im Spiegel eine Wagenfront.

Ein Gegner, denkt er, welch ein Spaß

und tritt gewaltig auf das Gas.

Der andre überholt ihn flinker,

setzt dazu nicht einmal den Blinker.

Der Porsche bleibt langsam zurück,

doch auch sein Fahrer hat kein Glück,

trifft einen Baum, der ziemlich hart

beendet damit seine Fahrt.

Der Baum ist leicht nur angeknickt,

den Fahrer hat's jedoch zerdrückt.

Der Mann, der seinen Gegner fand

endet als Kreuz am Straßenrand.

Der Tropfen

Früher hatte er einmal im Atlantik gewohnt. Dann begann er nach hunderttausend Jahren seine Reise: Er verdunstete, wurde mit den Wolken nach Schottland getragen, fiel vom Himmel und traf eine grasende Kuh auf die Nase. Die Kuh schniefte kurz und unser Held lernte eine Rindernase von innen kennen. Als die Kuh den Kopf senkte, um weiterzugrasen, tropfte er schnell auf den Boden. Nachdem er versickert war, von einer Linde aufgesogen wurde, verdunstete er und regnete später wieder hinab. Dabei traf er den Hut eines mürrischen Fischers. Dieser fuhr mit seinem Boot auf den Fluß und kenterte. Der Regentropfen verschwand mit dem Fluss in Richtung Nordsee. Hier wurde er von einem Fisch verschluckt, der anschließend von einem Trawler gefangen wurde. Danach wurde der Tropfen mit dem Fisch eingefroren und verpackt. Das Schiff legte in Bremerhaven an und der Fisch wurde auf Lastwagen verladen. Einer dieser Lastwagen hatte auf dem Weg nach Süden einen Unfall. Er kippte auf die Seite und verlor einen Teil seiner Ladung. Die Fischverpackung, in der sich unser Titelheld neben einigen anderen Tropfen befand, wurde von gut einem Dutzend Wagen überrollt. Er wurde auf den Mittelstreifen geschleudert, wo er einen Tag später verdunstete. Nach einer wochenlangen Reise mit den Wolken gelangte er schließlich in Richtung Ruhrgebiet. Dann kam der Tag, an dem es regnete. Der Tropfen fiel aus allen Wolken und segelte nach unten. Immer schneller wurde sein Fall, bis er schließlich die Stadt erblickte. Er flog an Türmen vorbei, wurde von einer Windbö abgelenkt und sah seine Brüder an den Fenstern zerschellen. Er sieht einen Menschen unter sich, fällt auf ihn zu.

Dann trifft er mit einem Platschen auf. Genau auf meine Brille!

Du

Es ist

etwas Besonderes

zwischen uns beiden

Du bist

etwas Besonderes.

In Dir sehe ich die Welt.

Deine Augen,

die mir den Weg zeigen,

Deine Rundungen,

die ich so gerne mag,

so gerne berühre,

Deine Weichheit,

wenn ich in Dir versinke,

in Dich eintauche,

wenn Du mich auf hundert bringst,

wenn ich die schönste

Deiner Formen

zärtlich mit meinen Fingern berühre,

umfasse,

streichle,

darin liegt so etwas wie Glück.

Es befriedigt mich,

bei Dir zu sein,

in Dir zu sein,

ich weiß,

dass es dir auch Spaß macht,

denn ich höre Dich

zufrieden schnurren.

Wenn wir uns vereinigen,

werden wir zu etwas,

das ich nicht vermissen möchte.

Wenn ich den Rüssel

in Dich einführe

und Dich fülle,

wenn ich sehe,

wie Du es mir dankst,

dann ist das einfach schön,

und ich möchte

Dich

um nichts in der Welt missen,

denn ich brauche Dich,

Du bist

ein Teil von mir geworden,

ich glaube,

ich liebe Dich sogar.

Mein Auto.

SIE ist weg.

Ich höre es im Radio,
und ich merke,
gerade jetzt im Winter,
dass SIE nicht mehr da ist.
Irgendwo in meinem Hirn verstehe ich,
dass es so kommen musste.
Manchmal denke ich,
die Welt ist grausam,
denn sie hat uns beide getrennt.
Irgendwie liebe ich SIE noch immer.
In meinem Herzen ist ein Bild,
ich sehe SIE noch in meiner Wohnung,
ich sehe SIE beim gemeinsamen Frühstück,
wenn wir uns am Sonntag die Zeit nahmen.
Warum ist alles so gekommen?
Ohne SIE ist die Wohnung kalt und leer.
Wenn ich nach Hause komme,
ist SIE nicht da.
Ich denke oft an SIE.
Mein Leben ist einsam geworden,
ohne Sie.
Ich habe SIE geliebt,
aber jetzt ist SIE nicht mehr da.
Sie hat SIE mitgenommen,
als sie aus meinem Leben verschwand.
Und ich vermisse SIE.
Meine Lieblingsbutterdose!

In der Sanduhr trudelt

das letzte Korn

talwärts.

Schlaflied

Der Wind singt mir ein Schlaflied,
"Wo kommst du her, wo gehst du hin?"
Der Wind singt mir ein Schlaflied,
"Wonach steht dir, steht dir der Sinn?"

Der Wind gibt mir die Antwort,
"Es ist der Weg, es ist das Ziel."
Der Wind gibt mir die Antwort,
"Erwarte wenig, erfahre viel!"

Der Wind stellt mir die Frage,
"Was tust du hier, an diesem Ort?"
Der Wind stellt mir die Frage,
"Bleibst du noch hier, wann gehst du fort."

Der Wind sagt zu mir flüsternd,
"Ich hab dich lieb, mein liebes Kind,"
Der Wind sagt zu mir flüsternd,
"Wenn du mich brauchst, komm ich geschwind."

Der Wind singt mir ein Schlaflied,
"Schlaf du nur ein, ich bleibe wach,"
Er wird mich wohl behüten,
Denn er ist stark und ich bin schwach.

Der Wind verkündet leise,
An seine ganze, bunte Schar,
Er singt für euch sein Schlaflied,
Er ist für alle Kinder da.

Fazit

Ich kenn Dich seit ich denken kann,

bisher kam ich an Dich nicht ran,

doch schließlich hab ich es erkannt,

dass uns verbind´ ein ehern Band.

Wenn es Dir schlecht geht fühl ich Schmerz,

wenn es Dir bricht, ist es mein Herz,

den Kummer, den Du trägst, fühl ich,

wenn Du Dich freust dann freu ich mich.

Die Welt, sie war gemein zu Dir,

Du brauchtest einen Freund, der hier

Mit starkem Arm und sich´rem Tritt

Für Dich geht, und auch mit Dir mit.

Wir sind vereint, sind Waffenbrüder,

wir legten unsre Ketten nieder,

ein Herz, ein Blut, ein Du, ein Ich,

seit ich erkannt: Ich liebe mich!

Segen

Mögen die Engel des Herrn dich begleiten,
nicht, um deinen Weg zu gehen,
den du selber gehen musst,
nicht um Hindernisse zu beseitigen,
denn Berge musst du selber übersteigen
und Seen musst du selber umgehen,
sondern um dein Gleichgewicht zu bewahren!

Mögen die Engel des Herrn dich umgeben,
nicht, um deine Fehler zu verhindern,
sondern um deine Strenge zu dir zu mildern!

Mögen die Engel des Herrn
in deinem Garten wachen,
damit der Baum deines Lebens
die Knospen des Glücks trägt!

Mögen die Engel des Herrn dich behüten,
damit du nicht alleine bist!

Mögen sie dir die Kraft geben, deinen Weg
zu beschreiten,
mögen sie dir die Stärke geben,

ihn bis zum Ziel zu gehen,

mögen sie dir die Ausdauer geben,

dein Ziel nicht aus den Augen zu verlieren,

mögen sie dir die Gelassenheit geben,

auch in schweren Zeiten nicht zu wanken

und die Güte, den Stürmen des Lebens zu

trotzen.

Mögest du immer Menschen finden,

die dich um deiner selbst willen lieben,

die dich annehmen, wie du bist,

und dir die Geschenke geben,

die du immerzu gibst.

Mögen die Engel des Herrn dein Leben glücklich

machen,

damit du findest, was du suchst!

Und sei dir gewiss, dass auch meine guten

Wünsche

dich überallhin begleiten.

Vaya con Dios!

Weitere Informationen,
Aktuelles,
neue Projekte
und Termine:
www.worte-wie-sand.de